W9-ABU-969

VIVIENTE Y NO VIVIENTE

Pradera

Cassie Mayer

Heinemann Library
Chicago, Illinois

© 2008 Heinemann
a division of Reed Elsevier Inc.
Chicago, Illinois

Customer Service 888-454-2279

Visit our website at www.heinemannlibrary.com

All rights reserved. No part of this publication may be reproduced or transmitted in any form or by any means, electronic or mechanical, including photocopying, recording, taping, or any information storage and retrieval system, without permission in writing from the publisher.

Photo research by Tracy Cummins
Designed by Kimberly Miracle
Translation into Spanish produced by DoubleO Publishing Services
Printed and bound in China by South China Printing Company
12 11 10 09 08
10 9 8 7 6 5 4 3 2 1

ISBN-13: 978-1-4329-0509-5 (hc)
ISBN-13: 978-1-4329-0515-6 (pb)

Library of Congress Cataloging-in-Publication Data
Mayer, Cassie.
  [Prairie. Spanish]
  Pradera / Cassie Mayer.
     p. cm. -- (Viviente y no viviente)
  Includes index.
  ISBN 1-4329-0509-0 (hc - library binding) -- ISBN 1-4329-0515-5 (pb)
  1. Prairie ecology--Juvenile literature. 2. Prairies--Juvenile literature. I. Title.
  QH541.5.P7M3918 2007
  577.4'4--dc22
                            2007029437

Acknowledgements
The author and publisher are grateful to the following for the permission to reproduce copyright material:
Alamy pp. **16** (Creatas/Dynamic Graphics Group), **19** (Jaubert Bernard), **23** (river: Creatas/Dynamic Graphics Group); Ardea p. **10** (Chris Knights); Corbis pp. **7** (W. Perry Conway), **8** (D. Robert & Lorri Franz), **9** (W. Perry Conway), **14** (Macduff Everton), **15** (Richard T. Nowitz), **17** (Visions of America/ Joseph Sohm); Getty Images pp. **4** (Stone/Frank Oberle), **5** (Stone/Frank Oberle), **6** (National Geographic/Klaus Nigge), **13** (Stone/ Jake Rajs), **21** (Stone/Frank Oberle), **23** (bison: Stone/Jake Rajs; prairie: Stone/Frank Oberle); Masterfile p. **18** (Daryl Benson); Natural Visions p. **11** (Heather Angel); Nature Picture Library pp. **12** (Pete Cairns), **20** (Larry Michael); Photolibrary p. **22** (The Travel Library Limited).

Cover photograph reproduced with permission of Getty Images/The Image Bank/Terry Donnelly. Back cover photograph reproduced with permission of Alamy/Creatas/Dynamic Graphics Group.

Every effort has been made to contact copyright holders of any material reproduced in this book. Any omissions will be rectified in subsequent printings if notice is given to the publisher.

Contenido

El hábitat de la pradera

Una pradera es un área llana de tierra.
En una pradera no hay muchos árboles.

En una pradera hay seres vivientes.
En una pradera hay seres no vivientes.

Lechuzas en la pradera

lechuza llanera

¿Son las lechuzas seres vivientes?

¿Necesita alimento una lechuza? *Sí.*
¿Necesita agua una lechuza? *Sí.*

¿Necesita aire una lechuza? *Sí.*
¿Crecen las lechuzas? *Sí.*

Una lechuza es un ser viviente.

Bisontes en la pradera

¿Es un bisonte un ser viviente?

¿Necesita alimento un bisonte? *Sí.*
¿Necesita agua un bisonte? *Sí.*

¿Necesita aire un bisonte? *Sí.*
¿Crecen los bisontes? *Sí.*

Un bisonte es un ser viviente.

Ríos en la pradera

¿Es un río un ser viviente?

¿Necesita alimento un río? *No.*
¿Necesita más agua un río? *No.*

¿Necesita aire un río? *No*.
¿Crecen los ríos? *No*.

Un río no es un ser viviente.

Hierba en la pradera

¿Es la hierba un ser viviente?

¿Necesita alimento la hierba? *Sí.*
¿Necesita agua la hierba? *Sí.*

¿Necesita aire la hierba? *Sí.*
¿Crece la hierba? *Sí.*

La hierba es un ser viviente.

Una pradera es el hogar de muchos seres.
Una pradera es un hábitat importante.

Glosario ilustrado

hábitat un área donde viven plantas y animales

pradera un hábitat de tierra llana con pocos árboles

río una pequeña masa de agua

Índice

Nota a padres y maestros

Todos los libros de esta serie presentan textos que siguen patrones de preguntas y respuestas para identificar las características de los seres vivientes. Comente con los estudiantes otros seres vivientes y no vivientes que conozcan y pídales que piensen en otros criterios que les podrían ayudar a clasificar un objeto como viviente o no viviente.

El texto ha sido seleccionado con el consejo de un experto en lecto-escritura para asegurar que los principiantes puedan leer de forma independiente o con apoyo moderado. Se consultó a un experto para asegurar que el contenido sea preciso. Usted puede apoyar las destrezas de lectura de no ficción de los niños ayudándolos a usar el contenido, los encabezados, el glosario ilustrado y el índice.